Bibliografische Information der Deutschen Nationalbibliothek:

Die Deutsche Bibliothek verzeichnet diese Publikation in der Deutschen National-
bibliografie; detaillierte bibliografische Daten sind im Internet über http://dnb.d-
nb.de/ abrufbar.

Impressum:

Copyright © 2008 GRIN Verlag, Open Publishing GmbH
Druck und Bindung: Books on Demand GmbH, Norderstedt Germany
ISBN: 9783640666911

Dieses Buch bei GRIN:

http://www.grin.com/de/e-book/153479/kuenstliche-intelligenz-und-robotik-am-
beispiel-des-robocups

Kirsten Manegold

Künstliche Intelligenz und Robotik am Beispiel des Robocups

GRIN Verlag

GRIN - Your knowledge has value

Der GRIN Verlag publiziert seit 1998 wissenschaftliche Arbeiten von Studenten, Hochschullehrern und anderen Akademikern als eBook und gedrucktes Buch. Die Verlagswebsite www.grin.com ist die ideale Plattform zur Veröffentlichung von Hausarbeiten, Abschlussarbeiten, wissenschaftlichen Aufsätzen, Dissertationen und Fachbüchern.

Besuchen Sie uns im Internet:

http://www.grin.com/

http://www.facebook.com/grincom

http://www.twitter.com/grin_com

U N I K A S S E L
V E R S I T Ä T

Projektseminar: Robotik (Modul 5)
Sose 2008

Künstliche Intelligenz und Robotik am Beispiel des *Robocups*

Kirsten Manegold

Lehramt für Haupt- und Realschulen: Deutsch, Arbeitslehre

Kassel, den 31.07.2008

Inhaltsverzeichis

1   Einleitung...3

2   Künstliche Intelligenz - Was ist das?.. 3

3   Roboter 5

    3.1   Sensoren... 6

    3.2   Effektoren... 8

    3.3   Roboterwahrnehmung 9

4   Anwendungsbereiche der KI in der Robotik................................... 10

    4.1   Beispiel: RoboCup 10

5   Fazit 12

6   Literaturverzeichnis... 14

1 Einleitung

Der Bereich der Robotik gehört ebenso wie die künstliche Intelligenz zu neuartigeren Forschungsgebieten, die beide in den letzten Jahren einen rasanten Fortschritt erfahren. Die Entwicklung und der Einzug von Robotern in nahezu alle Gebiete – von der Forschung über die Industrie bis zum Haushalt – sind nicht mehr aufzuhalten und erleichtern dem Menschen die Arbeit. Doch woher wissen die Roboter, wie sie sich in ihrer Umgebung zurechtfinden und diese wahrnehmen? Wie und mit welcher Druckstärke greifen sie nach Gegenständen? Können Roboter intelligent handeln? Diese und viele weitere Fragen ergeben sich, wenn man Robotern zuschaut. In dieser Arbeit werde ich den Versuch unternehmen einen Zusammenhang zwischen künstlicher Intelligenz und Robotern herzustellen. Zu diesem Zweck werde ich zunächst erläutern, worum es sich bei künstlicher Intelligenz handelt. Da die künstliche Intelligenz allerdings ein umfangreiches, kompliziertes und breit gefächertes Forschungsgebiet darstellt, werde ich diesen Bereich lediglich in begrenztem Maß mit dem Ziel mich auf das Wesentliche zu konzentrieren, vorstellen. Folglich wird der Bereich der Robotik vorgestellt, wobei ich besonders darauf eingehen werde, wie Roboter mit Hilfe von Sensoren und Effektoren ihre Umgebung wahrnehmen und sich dementsprechend bewegen. Nachdem nun beide Bereiche – die künstliche Intelligenz und die Roboter – umrissen wurden, werde ich den Robocup als Anwendungsbereich von künstlicher Intelligenz in der Robotik vorstellen und der Frage nachgehen, inwiefern sich diese beiden Bereiche ergänzen. Im Abschluss dieser Arbeit werde ich ein Fazit ziehen.

2 Künstliche Intelligenz - Was ist das?

Eine eindeutige Definition künstlicher Intelligenz (KI) liegt ebenso wenig vor, wie eine exakte, wissenschaftliche Begriffserklärung der menschlichen, natürlichen Intelligenz.[1] Dennoch kann man mit künstlicher Intelligenz, die vom Menschen konstruiert wird, „die Fähigkeit von Computern oder Prozessoren, Probleme selbstständig, ähnlich wie Menschen, lösen zu können"[2] bezeichnen. Eine wei-

---

[1] Vgl. http://www.geosimulation.de/methoden/einfuehrung_künstliche_Intelligenz. 27.07.2008.
[2] Vorwinkel, Bernd: Maschinen mit Bewusstsein. S. 85.

tere Voraussetzung der KI ist ein Maß von Anpassungsfähigkeit und Flexibilität bezüglich sich ändernder Problemstellungen.[3]

Das Gebiet der künstlichen Intelligenz zählt zu den neueren Wissenschaften, denn ihr Name prägte sich erst im Jahr 1956, wobei erste Arbeiten bereits nach dem Zweiten Weltkrieg einsetzten.[4] Das Ziel der Forschung von künstlicher Intelligenz besteht nicht darin „die Art und Weise des menschlichen Denkens zu kopieren, sondern vielmehr Systeme zu erschaffen, die Intelligenz simulieren können."[5] Dabei wird der Versuch unternommen, Teilbereiche der Fähigkeiten des Menschen[6], seine Denk- und Arbeitsweisen zur Problemlösung sowie seine Wahrnehmung nachzubilden, die in der KI-Software zur Lösung von Aufgaben führen.[7] Das in der Informatik als Spezialfach geltende Gebiet der künstlichen Intelligenz bedeutet für die Wissenschaftler, neue Anwendungen für Computer zu entwickeln, indem sie immer mehr Fähigkeiten erhalten, die im Allgemeinen als intelligent einzustufen sind. Dazu zählen beispielsweise das Führen mathematischer Beweise, die Trennung von Relevanten und Unrelevanten sowie das Verstehen der Sprache trotz ihrer Mehrdeutigkeit.[8]

Die Software künstlicher Intelligenz bedient sich dabei verschiedener Verfahrensweisen, um intelligentes Verhalten bei Maschinen zu erzeugen. Dazu zählt beispielsweise, dass der Computer aus verschiedenen ihm bekannten Verfahrensstrukturen diejenige auswählt, die der jeweiligen Situation am ehesten angepasst ist. Dabei werden ebenfalls mögliche Konsequenzen der Entscheidung miteinbezogen. Während eines weiteren Verfahrens analysiert der Computer Zusammenhänge und Beziehungen zwischen möglichen Werten und leitet aus diesen Informationen seine Entscheidung ab. Ein wiederum anderes Verfahren arbeitet mit Suchverfahren und der Analyse der in Frage kommenden Lösungen, woraus der Computer seine Schlussfolgerungen zieht.[9]Nach heutigem Stand ist der Bereich der künstlichen Intelligenz bisher weit vorangeschritten

---

[3] Vgl. Ebd. S. 85.
[4] Vgl. Russell, Stuart; Norvig, Peter: Künstliche Intelligenz. S. 17.
[5] http://www.geosimulation.de/methoden/einfuehrung_künstliche_Intelligenz. 27.07.2008.
[6] Vgl. Ebd.
[7] Vgl. http://itwissen.info/definition/lexikon/Kuentliche-Intelligenz. 25.07.08
[8] Vgl. König, Peter: 50 Jahre Künstliche Intelligenz. In: c´t – Magazin für Computertechnik. 14/2006. S. 34
[9] Vgl. Ebd.

und in der Lage reale Anwendungsprobleme zu bewältigen. Künstliche Intelligenz findet beispielsweise in Sprach- und Bilderkennungssystemen (Handschriftenerkennung), Expertensystemen, Schachcomputern, Logistiksystemen und im Bereich der Robotik ihre Anwendung.[10] Dennoch ist der Stand der Forschung bezüglich KI noch lange nicht abgeschlossen.[11]

Allerdings gehen mit der Entwicklung künstlicher Intelligenz ebenfalls Fragen nach den ethischen Grenzen technischer Innovation einher, wenn beispielsweise Roboter erschaffen werden, die mit Hilfe einer Silikonhülle unglaubliche Ähnlichkeit mit dem Menschen aufweisen und schließlich auch noch intelligent handeln können.[12]

3 Roboter

Der Begriff „Roboter" in seiner heutigen Bedeutung wurde durch den tschechischen Schriftsteller Karel Capek und sein Schauspiel „Rossums Universalroboter" (R. U. R.) eingeführt, in dem Maschinenmenschen statt echter Menschen an den Werkbänken stehen. Das Theaterstück wurde im Jahr 1923 in London aufgeführt und der Begriff „Roboter", der sich vom tschechischen Wort robota (= Fronarbeit) ableitet, wurde schließlich in allen Sprachen verbreitet.[13]

Roboter sind autonome Maschinen, die eigenständig bestimmte Tätigkeiten erledigen. Sie müssen dabei äußerlich keine Ähnlichkeit zum Menschen aufweisen und sind von ferngesteuerten Fahrzeugen, Automaten und Computern abzugrenzen.[14] Doch diese Maschinen sind bedeutende Entwicklungsschritte auf dem Weg zum Roboter, der die Eigenschaften Bewegung, Wahrnehmung und Intelligenz vereinbart.[15]

Roboter werden heutzutage bereits in vielen unterschiedlichen Bereichen eingesetzt. So erledigen Industrieroboter beispielsweise die stupide Fließbandarbeit schneller und effizienter als der Mensch. Doch auch in Forschungsberei-

---

[10] Vgl. Ebd.
[11] Vgl. Russell, Stuart; Norvig, Peter: Künstliche Intelligenz. S. 17.
[12] Vgl. König, Peter: 50 Jahre Künstliche Intelligenz. In: c't – Magazin für Computertechnik. 14/2006. S. 34
[13] Vgl. Bridgman, Roger: Roboter. S. 6.
[14] Vgl. http://www.uni-protokolle.de/Lexikon/Roboter.html. 21.07.2008.
[15] Vgl. Vgl. Bridgman, Roger: Roboter. S. 6

chen finden Roboter Anwendung, z. B. zum Eindringen in Vulkane, zum Erkunden von Planeten oder der Tiefsee und von Katastrophengebieten. Des Weiteren existieren Roboter, die dem Menschen die Arbeit im Haushalt erleichtern, z. B. zum Staub saugen oder wischen. Außerdem wurden Roboter zu reinen Unterhaltungszwecken entwickelt, wie beispielsweise der Roboterhund Aibo von Sony. Weiterhin entstehen Hobbyroboter in vielen unterschiedlichen Bereichen, z. B. für Wettkämpfe oder Fußballspiele zwischen Robotern.[16]

Der überwiegende Teil der heutzutage existierenden Roboter kann in eine von drei Kategorien eingeteilt werden: Die nichtbeweglichen Roboter, die an ihren Arbeitsplatz verankert sind, nennt man Manipulatoren oder Roboterarme. Sie sind häufig an Fließbändern von Fabriken zu finden (Industrieroboter). Eine weitere Kategorie ist die der mobilen Roboter. Diese können sich in ihrer Umgebung durch ihre Räder oder Beine fortbewegen und werden in vielen Bereichen eingesetzt, z. B. um Transportdienste zu erfüllen. Die dritte Kategorie ist die hybride Art, wobei es sich um mobile Roboter handelt, die mit Roboterarmen ausgestattet sind. Dazu zählt der humanoide Roboter, der dem menschlichen Körper in seiner Gestalt sehr ähnelt.[17]

Roboter sind mit Effektoren (Räder, Beine, Greifarme, Gelenke) ausgestattet, um sich in der physischen Welt zu bewegen sowie mit Sensoren, um ihre Umgebung wahrzunehmen.[18]

3.1 Sensoren

Damit der Roboter sich in der Umgebung gezielt bewegen, zurechtfinden und diese wahrnehmen kann, bedarf es gewisser Schnittstellen zwischen dem Roboter und seiner Umgebung. Zu diesem Zweck werden Sensoren eingesetzt, die sich in passive und aktive Sensoren unterteilen lassen.[19] Unter einem Sensor ist generell alles zu verstehen, was Faktoren der Umwelt aufzeichnet und schließlich als Eingabe an ein Programm weitergeben kann.[20] Zu den passiven Sensoren zählen z. B. Kameras, die so genannten „echten Beobachter der Um-

---

[16] Vgl. http://www.uni-protokolle.de/Lexikon/Roboter.html. 21.07.2008.
[17] Vgl. Russell, Stuart; Norvig, Peter: Künstliche Intelligenz. S. 1094.
[18] Vgl. Ebd. S. 1093.
[19] Vgl. Ebd. S. 1095.
[20] Vgl. Ebd. S. 1047.

gebung"[21]. Diese nehmen Signale auf, die von Quellen in der Umgebung erzeugt werden. Die aktiven Sensoren dagegen geben Energie an die Umwelt ab, die wiederum an den Sensor reflektiert wird, wie beispielsweise bei dem Sonar. Aktive Sensoren haben in der Regel einen höheren Leistungsverbrauch und es besteht die Gefahr, dass Überschneidungen auftreten, wenn mehrere dieser Sensoren gleichzeitig im Einsatz sind. Dennoch stellen aktive Sensoren meist mehr Informationen bereit als die passiven. Generell lassen sich Sensoren – unabhängig, ob sie passiv oder aktiv sind – in verschiedene Bereiche einteilen: sie können Distanzen zu Objekten wahrnehmen und dementsprechend „handeln", sie nehmen Bilder oder Reize der Umgebung, Temperaturen, Töne uvm. auf oder sie zeichnen Eigenschaften des Roboters an sich auf.[22]

Sensoren, die die Distanz zu Objekten messen, sind die so genannten Bereichsfinder, wozu auch der Sonarsensor (Ultraschall-Umsetzer) gehört. Diese geben Schallwellen ab, werden vom jeweiligen Objekt reflektiert und erzeugen beim Sensor ein entsprechendes Signal oder einen Ton. Auf diese Weise und die damit verbundene Zeit und Intensität des reflektierten Signals werden Informationen über die Distanz zu Objekten der Umgebung vermittelt. Diese Art von Sensoren ist hauptsächlich bei mobilen Robotern zu finden, da somit beispielsweise Zusammenstöße vermieden werden können.[23]

Als weiterer Bereich sind die Bildsensoren aufzuführen, die mit Hilfe von Kameras Bilder der Umgebung aufnehmen sowie mittels entsprechender Computervision Modelle und Merkmale dieser bereitstellen. Stereovision stellt einen wichtigen Aspekt in der Robotik dar, da so Tiefeninformation ermittelt werden kann. Allerdings werden in diesem Bereich neue, aktive Technologien bereits weiterentwickelt.[24]

Als dritter bedeutender Bereich sind die propriozeptiven (selbstwahrnehmenden) Sensoren aufzuführen. Diese geben dem Roboter über seinen eigenen Zustand Auskunft. Die Motoren sind häufig mit Wellendecodern versehen, die

---

[21] Ebd. S.1095.
[22] Vgl. Ebd. S.1095.
[23] Vgl. Ebd. S. 1095.
[24] Vgl. Ebd. S. 1096.

die Umdrehung des Motors in Inkrementschritten zählen und somit die exakte Konfiguration eines Robotergelenks messen. Auf mobilen Robotern können beispielsweise Wellendecoder eingesetzt werden, die mittels der Anzahl der Radumdrehung die zurückgelegte Strecke und die Beschleunigung messen.[25] Da die Räder jedoch durchdrehen oder abweichen können, ist eine solche Streckenmessung lediglich für kurze Distanzen zuverlässig.[26]

Darüber hinaus werden häufig Kraft- und Drehmomentsensoren eingesetzt, um den Roboter zu steuern. Diese sind dann sinnvoll, wenn der Roboter mit zerbrechlichen Dingen, deren Größe und Position nicht bekannt ist, umgehen soll. Durch Kraftsensoren „weiß" der Roboter, mit welcher Druckstärke er zugreifen darf und durch Drehmomentsensoren kann er spüren, wie stark er eine bestimmte Drehung ausführen darf. Diese Sensoren sind z. B. sinnvoll, wenn die Aufgabe eines Roboters darin besteht, eine Glühbirne einzuschrauben. Gute Sensoren sind in der Lage, die Kräfte in drei Übersetzungen und Drehrichtungen zu messen.[27]

3.2 Effektoren

Neben Sensoren für die Wahrnehmung sind Roboter weiterhin mit Effektoren ausgestattet, um physische Kräfte auf die Umgebung ausüben zu können.[28] Durch sie können die Roboter sich bewegen und ihre Körperform verändern[29], da diese die „eigentliche Handhabungsaufgabe"[30] durchführen. Effektoren können Greifer, Beine oder Fahrgestelle[31] sein, die gesteuert werden müssen, z. B. schließen und öffnen der Greifer. Die Sensoren ermitteln den Zustand der Effektoren, d. h. sie geben beispielsweise an, wie weit und mit welchem Kraftaufwand ein Greifer schließen oder öffnen darf. Die Effektoren werden dabei mit Mikroprozessoren oder PCs gesteuert, deren Befehle oder Abläufe zur Steuerung in der Regel in der Roboterprogrammiersprache enthalten sind.[32]

---

[25] Vgl. Ebd. S. 1096.
[26] Vgl. Ebd. S. 1097.
[27] Vgl. Ebd. S. 1097.
[28] Vgl. Ebd. S. 1137.
[29] Vgl. Ebd. S. 1097.
[30] Vgl. http://srt-aut.mv.fh-duesseldorf.de/handhabung/handhabung/Skripte18_Effektoren.pdf. 26.07.2008.
[31] Vgl. http://www.erkenntnishorizont.de/robotik/effektoren/effektoren.c.p...26.07.2008.
[32] http://www.rob.uni-luebeck.de/Lehre/2006w/Robotikpraktikum/robotik.pdf. 26.07.2008

3.3 Roboterwahrnehmung

Unter der Wahrnehmung ist der Prozess zu verstehen, wie der Roboter die Messung des Sensors der Umgebung in interne Darstellungen umwandelt. Da die Sensoren jedoch häufig rauschen, die Umgebung durch die eingeschränkte „Sichtweise" nur teilweise beobachtbar ist und sie eine hohe Dynamik aufweist, gestaltet sich die Wahrnehmung schwierig. Im Idealfall sollte eine gute Darstellung folgende Eigenschaften aufweisen:

-   informationsreich, damit der Roboter richtig entscheiden kann,
-   strukturiert, so dass eine effiziente Aktualisierung möglich ist,
-   natürlich, so dass die internen Variablen mit den natürlichen Zustandsvariablen innerhalb der physischen Welt übereinstimmen.[33]

Die Lokalisierung stellt dabei ein typisches Beispiel und zugleich ein Problem für die Roboterwahrnehmung dar. Der Roboter muss feststellen, wo sich die Dinge in seiner Umgebung befinden, um dementsprechend agieren zu können. Dabei ist das Wissen darüber, wo sich Gegenstände befinden, die Voraussetzung und „der Kern jeder erfolgreichen physischen Interaktion"[34]. Ebenfalls muss der Roboter seine eigene Position erkennen, um das angestrebte Ziel zu finden. Das Problem der Lokalisierung ist in drei Stufen mit steigender Schwierigkeit zu unterteilen:[35]

-   das Verfolgungsproblem: Die Ausgangsposition des zu lokalisierenden Gegenstands ist bekannt und die Lokalisierung ist somit begrenzt unsicher.
-   das globale Lokalisierungsproblem: die Ausgangsposition des zu lokalisierenden Objekts ist unbekannt. Der Roboter muss also Phasen sehr hoher Unsicherheit überwinden. Wenn der Roboter den betreffenden Gegenstand gefunden hat, entsteht ebenfalls das Verfolgungsproblem.
-   Das Kidnapping-Problem: Das Objekt, das vom Roboter lokalisiert werden soll, wird „entführt".[36] Diese Stufe der Lokalisierung wird eingesetzt,

---

[33] Vgl. Russell, Stuart; Norvig, Peter: Künstliche Intelligenz. S. 1100.
[34] Ebd. S. 1101.
[35] Vgl. Ebd. S. 1101.
[36] Ebd. S. 1101.

um „die Robustheit einer Lokalisierungstechnik unter Extrembedingungen zu testen"[37].

Eine weitere Variante der Roboterwahrnehmung ist das so genannte „Mapping". Dabei lokalisiert der Roboter mehrere Objekte. Als typisches Beispiel sei das Problem der Kartenerstellung einer Umgebung durch Roboter genannt. Zu diesem Zweck muss der Roboter Algorithmen ableiten. Das Problem der Kartenerstellung durch Roboter, bei dem dieser zunächst seine eigene Position orten muss, wird häufig als „simultanes Lokalisierungs- und Abbildungsproblem"[38] (SLAM = simultaneous Localization and Mapping) bezeichnet. Dieses weitere, als geltendes Kernproblem innerhalb der Robotik liegt ebenfalls in zwei Schwierigkeitsstufen vor: die Kartenerstellung bei statischer und die bei dynamischer Umgebung, d. h. die Umgebung, in der der Roboter sich bewegt, verändert sich.[39]

Außerdem kann der Roboter Gerüche, die Temperatur oder akustische Signale durch probabilistische Abschätzungen wahrnehmen. Dazu sind bedingte Wahrscheinlichkeitsverteilungen nötig, die die Entwicklung von Zustandsvariablen und andere Verteilungen der Relation von Messungen zu Zustandsvariablen charakterisieren und beschreiben.[40]

4 Anwendungsbereiche der KI in der Robotik

4.1 Beispiel: RoboCup

Der RoboCup stellt ein internationales Projekt zur Förderung der Forschung von künstlicher Intelligenz und dem Bereich Robotik (autonome mobile Roboter) dar. Seit dem Jahr 1997 veranstaltet die RoboCup Federation mit der Unterstützung der Nationalkomitees jedes Jahr eine RoboCup-Weltmeisterschaft. Diese dient dazu, kreative Ideen international auszutauschen und sowohl den Bereich der künstlichen Intelligenz als auch den der Robotik weiterzuentwickeln.[41] Im direkten Vergleich werden somit die neuesten Entwicklungen getes-

---

[37] Ebd. S. 1101.
[38] Ebd. S. 1106.
[39] Vgl. Ebd. S. 1106.
[40] Vgl. Ebd. S. 1110.
[41] Vgl. Fraunhofer Institut für Intelligente Analyse- und Informationssysteme (Hrsg.): RoboCup.

tet sowie Hinweise über Konstruktionen und Ergebnisse ausgetauscht. Diese transparenten Erkenntnisse dienen der Forschung im Bereich Robotik und künstliche Intelligenz gleichermaßen, woraus wiederum Innovationen und Grundlagen für die Weiterentwicklung geschaffen werden.[42] Der Wettkampf ist ein entscheidendes Kriterium beim RoboCup, da auf diese Weise der direkte Vergleich der Teams ermöglicht wird. Außerdem gibt ein Wettkampf den Anreiz, besser zu sein bzw. zu werden, wodurch wiederum die Entwicklung der Roboter und der Software vorangetrieben werden.[43]

Die fußballspielenden Roboter müssen sich auf dem dynamischen Spielfeld beweisen, dieses autonom wahrnehmen sowie handeln und dabei in Echtzeit reagieren. Mit Hilfe von Sensoren (z. B. Kameras, Ultraschallsensoren, Infrarotsensoren) wird die eigene Position des Roboters, seine Umgebung, d. h. das Spielfeld inklusive Tor und Ball sowie die Mitspieler als auch die Gegner erfasst. Als Erkennung dienen unterschiedliche Farben. Die aufgezeichnete Umgebung wird in Daten umgewandelt, erfasst und ausgewertet, die die Grundlage für die Entscheidung nachfolgender Handlungen des Roboters bilden.[44]

Das Ziel des Projekts RoboCup besteht darin, dass bis zum Jahr 2050 ein Team aus autonomen humanoiden Robotern geschaffen werden soll, dass in der Lage ist, gegen den menschlichen Fußball-Weltmeister gewinnen zu können. Roboter, die Fußball spielen, können auch für viele weitere Aufgaben eingesetzt werden und nützlich sein. Bis zum Erreichen dieses Ziels werden weiterhin viele neue Erkenntnisse entstehen und neue Methoden entwickelt, die für andere Bereiche der Robotik und künstlicher Intelligenz von fortschrittlicher Bedeutung sein werden, so z. B. innerhalb des Gebiets von Industrie- und Servicerobotern.[45]

S. 4.
[42] Vgl. Bredenfeld, Ansgar; Weigel, Thilo: Kickende Computer. Blick in das Innenleben von Fußballrobotern. In: In: c't – Magazin für Computertechnik. 17.06.2002.
[43] Vgl. Fraunhofer Institut für Intelligente Analyse- und Informationssysteme (Hrsg.): RoboCup. S. 6.
[44] Vgl. Ebd. S. 6
[45] Vgl. Ebd. S. 6.

5 Fazit

Die künstliche Intelligenz und die Robotik sind inzwischen wichtige und interessante Forschungsgebiete geworden, die dem Menschen in vielen Bereichen die Arbeit erleichtern. Die Frage, ob Roboter tatsächlich intelligent oder sogar irgendwann intelligenter handeln können als der Mensch, lässt sich im Rahmen dieser Arbeit nicht ausführlich und endgültig beantworten, da viele weitere Aspekte miteinbezogen werden müssten. Dennoch bleibt festzuhalten, dass die Roboter intelligent wirken, wenn sie mit Hilfe ihrer Sensoren die Umgebung wahrnehmen und entsprechend reagieren. Da die Roboterentwicklung bereits heute weit vorangeschritten ist, denke ich, dass sie in den nächsten Jahren und Jahrzehnten weitere erhebliche Entwicklungsfortschritte verzeichnen wird, so dass Roboter selbst aus dem Alltag des Menschen nicht mehr wegzudenken sind.

Der RoboCup stellt ein wichtiges und interessantes Forschungsszenario in den Bereichen künstliche Intelligenz und Robotik dar, deren Ergebnisse und Entwicklungen sich gut ergänzen und somit ein gegenseitiger Nutzen erfüllt wird. Da auf diese Weise der internationale Wissensaustausch gewährleistet ist und Forscher die Erkenntnisse anderer Länder in ihre Entwicklungen mit einbeziehen können, wird meiner Meinung nach, ein noch höherer und schnellerer Fortschritt in beiden Gebieten ermöglicht. Das Ziel der Robotiker besteht darin, bis zum Jahr 2050 ein Team von autonomen humanoiden Robotern zu entwickeln, das gegen das menschliche Weltmeisterteam gewinnen kann. Das bedeutet diese Roboter wären somit in der Lage, dem Menschen überlegen zu sein und würden über ein hohes Maß künstlicher Intelligenz verfügen. Wenn die Forscher dieses heutzutage für uns als utopisch und unvorstellbar anzusehendes Ziel bereits in 40 Jahren erreichen, werden die Roboter zuvor auch in allen anderen Bereichen einen rasanten Fortschritt erfahren. Außerdem drängt sich die Frage auf, wie weit die Forschung vielleicht dann in sechzig oder siebzig Jahren sein wird, wenn dieses Ziel erreicht wurde und wie der stetig steigende Einzug immer intelligenter Roboter unsere Welt, die Arbeit und die Menschen verändern wird. Oder können Roboter die Menschen sogar irgendwann in ihrer gesamten Arbeitsleistung ersetzen wenn sie ihnen im Bereich der Intelligenz überlegen sind? Über die Zukunft kann nur spekuliert werden, dennoch handelt es sich um interessante Fragen, denen möglicherweise in einer weiteren Arbeit nachgegangen werden könnte.

6 Literaturverzeichnis

Bridgman, Roger: Roboter. Von den ersten Automaten bis zu den Cyborgs der Zukunft. Hildesheim: Gerstenberg Verlag. 2004.

Bredenfeld, Ansgar; Weigel, Thilo: Kickende Computer. Blick in das Innenleben von Fußballrobotern. In: In: c´t – Magazin für Computertechnik. 17.06.2002.

Fraunhofer Institut für Intelligente Analyse- und Informationssysteme (Hrsg.): RoboCup. German Open 2007. München: PICS publish-industry. 2004.

König, Peter: 50 Jahre Künstliche Intelligenz. In: c´t – Magazin für Computertechnik. 14/2006.

Russell, Stuart; Norvig, Peter: Künstliche Intelligenz. Ein moderner Ansatz. 2. Auflage. München: Pearson Studium. 2004.

Vorwinkel, Bernd: Maschinen mit Bewusstsein. Wohin führt die künstliche Intelligenz? Weinheim: WILEY-VCH Verlag. 2006.

http://www.uni-protokolle.de/Lexikon/Roboter.html. 21.07.2008.

http://srt-aut.mv.fh-duesseldorf.de/handhabung/handhabung/Skripte18_Effektoren.pdf. 26.07.2008.

http://www.erkenntnishorizont.de/robotik/effektoren/effektoren.c.p...26.07.2008.

http://www.rob.uni-luebeck.de/Lehre/2006w/Robotikpraktikum/robotik.pdf. 26.07.2008

Vgl. http://www.geosimulation.de/methoden/einfuehrung_künstliche_Intelligenz. 30.07.2008